AF591923

Monseigneur Justin FÈVRE

L'ABOMINATION

DE

LA DÉSOLATION

LETTRE AUX ÉVÊQUES DE FRANCE

PARIS
Arthur SAVAETE, Éditeur
76, Rue des Saints-Pères, 76

1902

L'ABOMINATION DE LA DÉSOLATION

Monseigneur Justin FÈVRE

L'ABOMINATION

DE

LA DÉSOLATION

LETTRE AUX ÉVÊQUES DE FRANCE

PARIS

Arthur SAVAÈTE, Éditeur

76, rue des Saints-Pères, 76

—

1902

L'ABOMINATION DE LA DÉSOLATION

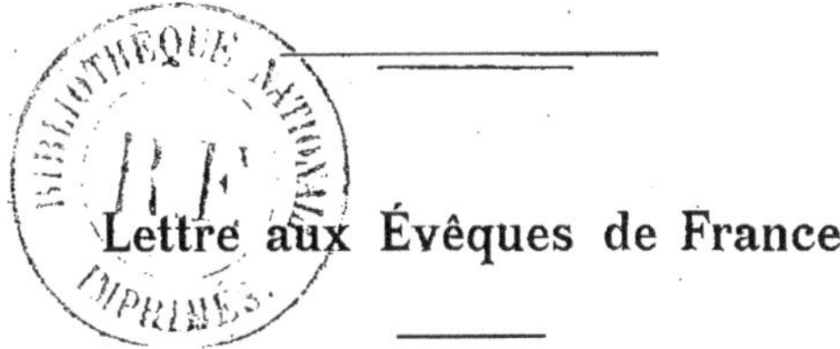

Lettre aux Évêques de France

Messeigneurs,

Un antisémite, membre de la Ligue de la Patrie Française, publiait récemment deux ouvrages sur les malheurs du temps. En présence de la situation douloureuse faite à l'Église — situation qui s'aggrave tous les jours — je voudrais, Messeigneurs, dans une lettre à votre adresse, tirer de ces ouvrages, quelques conclusions, ou plutôt y ajouter des considérations sur quelques faits nouveaux. Ces faits me paraissent des éléments nécessaires d'appréciation et les indications pressantes d'une résolution de conduite. L'intérêt de l'Église et de la France est la seule cause déterminante de cette lettre et la raison d'être de ses sollicitudes.

1. — Mais d'abord disons un mot, par forme de préambule, Messeigneurs, de deux ouvrages de l'écrivain antisémite, patriote bon teint et catholique de la meilleure marque, j'entends celle qui, abdiquant tout résidu de particularisme français, se place en plein dans le droit pontifical et se borne à réclamer l'accomplissement des devoirs qu'il impose, à tous, rois et peuples, pasteurs et troupeaux.

Le premier de ces ouvrages se présente sous le titre biblique : *L'abomination dans le lieu saint.* Le but de l'auteur est de rechercher *si* et *dans quelle mesure* a pu se produire, en France, l'abomination prédite par Daniel, sur la réprobation de la Judée. Dans ce but, l'auteur établit une similitude entre le peuple juif avant Jésus-Christ et le peuple français depuis son avènement. Le peuple juif avait reçu de Dieu la vocation de garder, dans le temple de la Synagogue et dans son territoire fermé de montagnes, les dogmes, les lois et les institutions sacrées de la législation divine; le peuple français a reçu de Dieu, après les invasions des barbares, par le baptême de Clovis, par le baptême de la royauté et de la nation françaises, puis par l'appel de Charlemagne à l'Empire, la mission de garder, de propager dans tout l'univers la révélation de Jésus-Christ, et de défendre à Rome, le Pape, Vicaire de Jésus-Christ, pasteur souverain, unique et infaillible du genre humain racheté par la Croix du Calvaire. Par suite de cette vocation, la France a des charges et des bénéfices : les charges sont de remplir toujours fidèlement des devoirs inhérents à sa mission; les bénéfices, c'est de voir sa fortune dépendre de sa fidélité au service de l'Évangile et de l'Église; c'est de recevoir, pour sa fidélité, la bénédiction temporelle de Dieu, et, en cas d'infidélité, d'encourir ses anathèmes.

L'histoire nous montre la France fidèle et bénie pendant mille ans et plus : bénie, c'est-à-dire sagement constituée dans son intérieur, poursuivant sa destinée dans la paix de Dieu et débordant sans cesse sur toutes ses frontières. Le monde, sous l'autorité catholique des Pontifes Romains, et sous l'impulsion de la France, entre progressivement dans le giron de l'Église, dans la lumière et la force de l'Évangile, dans tous les progrès et toutes les gloires de la civilisation.

Au IXe siècle a paru Photius ; au XVIe siècle paraît Luther. Ces deux grands hérésiarques sont les ennemis forcenés de Rome dont ils rejettent la principauté spirituelle, et les destructeurs intentionnels de la France, Fille aînée de l'Église. Par l'effet de leur prédication, s'élèvent en Europe, les trois grands empires de la force, la Russie, l'Allemagne et l'Angleterre, hostiles, c'est le moins qu'on puisse dire, à la France et à Rome, et armés pour leur commune ruine. Là est le grand sens de l'histoire moderne, à peine soupçonnée de Bossuet dans les derniers chapitres de son histoire.

Or, ce complot, trois fois séculaire, ourdi contre l'Église et la France, par le schisme et l'hérésie, ce complot a eu ses complices et ses coopérateurs aveugles au sein même de la France. Les humanistes de la Renaissance avaient diminué l'amour traditionnel de la chrétienté; des philosophes, tablant sur la raison seule, comme Luther, avaient ébranlé les colonnes de la philosophie et du droit; les princes, bénéficiant, ils le croyaient, des doutes des philosophes et des fausses doctrines des hérétiques, avaient relevé, même en pays chrétien, le type augustal des Césars. De ce mélange de faiblesses, d'erreurs et d'iniquités, naquit la Révolution qui fut surtout antichrétienne, ennemie radicale des Pontifes Romains et poussant jusqu'à l'athéisme sa fureur aveugle contre la vocation providentielle de la France.

Depuis un siècle, il n'y a plus, en France, pour la Révolution satanique, que deux grandes questions : se séparer de Rome administrativement d'abord, puis effectivement ; et détruire, en France, toutes les appartenances de l'Église ; poursuivre, dans les institutions et dans les personnes, l'éradication de tout principe religieux ; ne reconnaître que les relations des hommes entre eux pour l'exploitation de la terre et l'entretien fragile d'une fugitive existence.

La conséquence finale de cette situation, c'est le schisme. Du moment qu'il existe, en France, tant de gens sans foi, sans culte, sans mœurs ; du moment que la société repose sur la Déclaration des droits de l'homme à l'exclusion des droits de Dieu ; du moment que la loi se déclare athée et prétend devoir l'être ; du moment que la politique, saturée d'athéisme, s'acharne à pousser, jusqu'au bout, le radicalisme destructeur de la loi et des institutions, on ne voit pas bien, en dehors du schisme, comme pis-aller, à quelle pratique religieuse la France peut tenir. Ce n'est pas d'un schisme par trahison des évêques, Messeigneurs, que la France peut périr : l'auteur déclare ce schisme impossible ; mais le schisme préparé par les défaillances de la multitude, écrit dans les lois, poursuivi dans un complot judéo-maçonnique, à peine contrarié par quelques protestations, paraît devoir se déduire par l'Etat, comme résultante de nos visibles aberrations, comme terme logique de nos attentats révolutionnaires, comme couronnement de la Révolution contre Dieu.

Le second ouvrage de l'auteur antisémite est intitulé : *La désolation dans le sanctuaire :* c'est encore un titre biblique, mais appliqué aux réalités présentes. *L'abomination dans le lieu saint* étudiait dans ses actes et dans les circonstances, la tentative de l'Etat pour corrompre l'Eglise ; *La désolation dans le sanctuaire* recherche les effets, aujourd'hui certains, de cette tentative de corruption. Pour raisonner avec force et conclure avec décision, dans le premier écrit, l'auteur tablait sur l'histoire de France et appuyait, du témoignage de dix-huit siècles, son réquisitoire contre le gouvernement persécuteur ; pour raisonner avec une égale force et conclure avec la même décision, l'auteur table, dans son nouveau réquisitoire, sur l'histoire de l'Eglise, « Le Pape et l'Eglise, dit saint François de Sales, c'est tout un » ; mais le Pape, suprême hiérarque de l'Eglise, est assisté, dans son gouvernement, par les évêques établis, disait saint Thomas, comme des juges et des agents subalternes, dans les principales cités. Or, ce gouvernement, composé du Pape comme chef permanent et confirmateur infaillible ; et des évêques comme chefs locaux, confirmés dans l'orthodoxie par le Pape, offre ce trait caractéristique : la confirmation pontificale est, pour les évêques, la source du pouvoir, la règle de l'action, et, en cas de défaillance, toujours possible, le nécessaire, absolument nécessaire et d'ailleurs unique contrôle. Donc, pour les évêques, la nécessité d'une ferme adhérence, d'une soudure infrangible, à la chaire du bienheureux Pierre, pasteur des évêques comme il est le pasteur de tous les chrétiens.

Si, à la lumière de ce principe, vous examinez les vingt siècles de l'histoire ecclésiastique, que voyez-vous ? Vous voyez que les évêques fermes dans la foi, que les Pères et les Docteurs de l'Eglise, que tous les Prélats constants dans l'orthodoxie et la discipline, n'ont été tels que par leur dévotion à la Chaire apostolique ; au contraire, tous les prélats qui ont fait naufrage dans la foi ou dans les mœurs ; tous les évêques tombés dans l'hérésie ou dans le schisme ; tous les évêques traîtres à Dieu, à Jésus-Christ et à son Eglise, ont été tels parce qu'ils ont été infidèles à Rome, rebelles à sa monarchie, scissionnaires au regard du Pontife Romain.

Cette règle d'appréciation posée, l'auteur vient à nos temps et constate, d'une part, le fait flagrant de persécution depuis vingt ans ; de l'autre, le fait certain qu'il ne s'est produit, depuis vingt ans, dans l'Eglise, aucune trahison scandaleuse. Au contraire, on a vu se lever, dans l'Etat, des légions de braves soldats combattant pour Dieu et pour la patrie ; et l'on a vu dans l'épiscopat, dès le commencement, des actes solennels de résistance. En rendant à la fidélité et à la bravoure un juste hommage, il est d'ailleurs visible : 1° Que la persécution n'a fait que croître et augmenter, détruisant dans toutes les institutions, la propriété ecclésiastique, violant dans le clergé séculier et régulier tous les droits inscrits dans la loi canonique ; 2° Que l'extension et l'apreté continues de la persécution sont en partie imputables au défaut de résistance suffisante dans l'Eglise. Au lieu de combattre l'ennemi de Dieu et du nom chrétien, on a pensé généralement à le désarmer par la douceur de la procédure et par un esprit absolu de conciliation. On dirait que le dissentiment n'était qu'à la surface des choses ; qu'en se ralliant sans aucune arrière-pensée on adoucirait le persécuteur ; qu'il fallait bien obéir à la loi et se prêter à l'évolution de la patrie ; que Dieu parlait par les événements de l'histoire ; qu'il était patriotique et pieux de se prêter au triomphe de la République[1]. Bref! sous l'influence de nos illusions, de nos aveuglements, de nos faiblesses, de nos misères, nous sommes arrivés à une situation qui fait pitié aux hommes d'esprit et aux hommes de foi.

Sans appuyer ici, Messeigneurs, sur aucune faute particulière ou générale, sans récriminer contre personne, sans instituer aucun procès, je pose en principe que le salut de la France doit être l'œuvre de l'Église ; que l'Église, par son clergé séculier et régulier, possède le remède à tous les maux du monde et la médication nécessaire à l'application efficace de ce remède. Ce sont les évêques qui ont fait la France ; ce sont les évêques qui doivent la sauver. Qu'ils ne l'aient pas fait, c'est l'évidence même ; qu'ils en soient empêchés de le faire, je veux le croire. C'est pourquoi je veux rechercher quels sont, dans le clergé, les obstacles à l'action rédemptrice des évêques. Ce n'est point aux évêques que j'en veux ; ils ne sont pas mes sujets et je ne suis pas leur juge. Mais c'est aux évêques que je veux signaler aussi brièvement et respectueusement qu'il se pourra, les entraves qui gênent notre marche, et, pour n'être pas infini, dénoncer ces embarras d'abord dans l'ordre des doctrines et des enseignements.

II. — « La France, disait le cardinal Gousset, sera sauvée par de bons évêques et par de bons curés. » Les Encycliques des pontifes Romains ont intimé solennellement par quel ensemble de science, de vertus et de sacrifices, les curés et les évêques pouvaient devenir les sauveurs de leur nation. Deux évêques, sur quatre-vingt-dix, pour préparer une meilleure base aux doctrines pontificales, ont exigé des séminaristes, le diplôme de bachelier ès-lettres, reçu dans l'Université de France. Par là ces deux évêques se rencontraient en un point avec le fondateur de l'école des Carmes, qui voulait, comme archevêque de Paris, élever plus haut, dans l'Université, les diplômes et le savoir humain du clergé français. La quasi unanimité de l'épiscopat, sans repousser positivement cette école, ne voulut point y envoyer ses prêtres, encore que ladite école fut l'œvre d'un évêque. Les raisons de ce refus ne proviennent certainement d'aucune aversion pour l'accroissement du savoir littéraire et sa consécration par des titres. Ce qui éloigna les évêques, ce fut d'abord le péril pour la formation sacerdo-

1. Ces idées supposent beaucoup de vertus, mais une trop grande ingéniosité d'esprit. L'histoire, qui est un grand combat, ne permet pas ces illusions par trop ingénues.

tale, puis le danger des doctrines malsaines, puis encore l'assujettissement du prêtre à ses rivaux, l'immatriculation dans les rangs de l'État laïque et la tentation d'entrer à son service en quittant l'Église. Le fait est que, plus d'une fois, on a vu ces prêtres, devenus docteurs de l'Université, troquer la soutane contre la redingote, et, par des transformations que je n'ai pas à décrire, se poser en ennemis publics de la sainte mère Église.

Le baccalauréat offre un moindre péril ; il est cependant périlleux encore pour la vocation. L'évêque d'Orléans, si libéral, en fit plus d'une fois l'expérience ; il se coupait en quatre pour multiplier les prêtres et les bacheliers ; souvent les bacheliers ne devenaient pas prêtres et le généreux Dupanloup n'avait réussi qu'à doter les lycées de maîtres d'étude.

Un correspondant de la *Vérité Française* a objecté que le baccalauréat exigé comme condition *sine qua non*, pour l'entrée au grand séminaire, devenait une nouvelle irrégularité et que la création d'une irrégularité dépassait le pouvoir d'un évêque. Un évêque peut poser un règlement valable pour son diocèse ; il est dépourvu de qualités pour imposer une loi à l'Église universelle. C'est l'évidence même : nous n'entendons nullement combattre le règlement diocésain d'un évêque ; mais nous croyons que, comme loi générale, il peut se discuter et ne point s'admettre.

Deux autres correspondants du même journal ont soulevé beaucoup d'autres objections ; j'en cite un *in extenso*, en vertu de l'adage : *Unus est instar omnium* :

« Permettez-moi de vous soumettre quelques réflexions, que me suggère la mesure prise par NN. SS. les évêques de Tarentaise et de Mende, à propos de l'admission des candidats au sacerdoce dans leurs grands séminaires. Désormais, personne ne recevra l'habit ecclésiastique à Tarentaise et à Mende, si l'on ne peut justifier d'avoir obtenu le diplôme de bachelier. Cette décision, *d'une gravité exceptionnelle*, entraîne des conséquennes qui sont de nature à causer une légitime émotion parmi les catholiques ; car elle peut *éloigner* des saints ordres, des sujets très dignes, capables de faire beaucoup de bien dans l'Église, et qui, dépourvus peut-être de la science de l'université laïque et neutre, sont riches de la science des saints, et sauront acquérir des connaissances suffisantes en théologie pour administrer les sacrements selon les règles prescrites, et, la grâce aidant, diriger les âmes avec sagesse. Vous avez rappelé, très opportunément, le cas du vénérable curé d'Ars ; on pourrait en citer plusieurs autres, même ceux des saints que, l'Église honore d'un culte public dans sa liturgie. Mais ce n'est pas ce point de vue que je veux considérer.

« Assurément, la mesure imposée aux futurs clercs de Tarentaise et de Mende est née de cette *louable préoccupation* de faire en sorte que le prêtre, dans la société contemporaine, ne soit en rien inférieur aux hommes du monde, et que la carrière sacerdotale, je demande pardon de cette expression, soit d'un accès aussi difficile que les carrières libérales. C'est là un bel hommage rendu à la dignité du sacerdoce. J'y vois cependant, pour ma part, quelques inconvénients. Il s'agit de jeunes gens qui viennent demander à l'Eglise de leur donner rang parmi ses clercs, de faire d'eux des ministres du Christ, et de leur confier la mission de travailler au salut du peuple chrétien.

« Pour savoir s'ils peuvent être soumis à la longue préparation, qui doit les conduire à la prêtrise, *quel besoin* y a-t-il de consulter l'État ? Est-ce que les professeurs des Facultés de notre République, athée, sectaire et persécutrice, ont reçu la charge de discerner les élus du sacerdoce ? Si ces messieurs de l'enseignement supérieur, dont beaucoup sont protestants ou juifs, ont, d'aventure, la fantaisie de se montrer difficiles à l'égard des candidats ecclésiastiques, le séminaire restera fermé à ces derniers. Y a-t-il donc un lien nécessaire entre le degré de science humaine, requis pour le baccalauréat, et les qualités voulues pour devenir prêtre ? La vocation sacerdotale est-elle donc inséparable du diplôme délivré par le ministre de l'Instruction publique, et doit-elle être marquée de l'estampille gouvernementale ? Jusqu'ici l'Église n'a pas défendu à ses prêtres de tenter l'épreuve des examens de l'Université, mais leur imposer cette épreuve, en faire une condition *sine qua non* de l'admission aux ordres sacrés, cela répugne à son caractère de société parfaite, ce serait en quelque sorte *un abaissement, une abdication* de ses droits entre les mains de l'État, qui n'a rien à voir dans le recrutement des ministres de Dieu et dont on le constituerait juge, si le baccalauréat était indispensable pour entrer au Séminaire. On oublie, il me semble, que le sacerdoce n'est point, comme un état vulgaire, l'objet du seul choix de la liberté humaine, et que, pour se présenter à l'ordination, il faut *être appelé de Dieu*. Est-ce que le Seigneur a pu soumettre cette vocation au jugement de laïques, trop souvent hostiles au catholicisme ? Il ne faut pas raisonner *a pari* de l'état sacerdotal et des carrières mondaines ; il y a, dans l'état ecclésiastique, un élément surnaturel, qui ne se trouve pas ailleurs ; on doit en tenir compte.

De plus, à considérer les matières de l'examen du baccalauréat, sait-on où le gouvernement peut conduire les futurs éléves du sanctuaire ? Peut-être *fort loin de la théologie.* Car, si jusqu'à présent le programme des études secondaires laïques a concordé, à peu près, avec celui des études préparatoires à la théologie, rien ne nous garantit que cet *accord durera* longtemps; les tendances actuelles, font même craindre qu'il ne cesse bientôt et qu'on n'acquière plus dans les lycées une connaissance du latin suffisante pour aborder les auteurs ecclésiastiques. Sans doute, les lettres profanes, les sciences mathématiques, physiques et naturelles ne doivent pas rester étrangères à ceux que leur vocation destine à être les guides des fidèles ; mais il faut bien laisser dans la vie du futur séminariste une part équitable pour l'étude du latin et de la saine littérature. Si les programmes viennent à supprimer cette part, déjà si restreinte, faudra-il donc les suivre aveuglément ? Alors on aura ce spectacle vraiment curieux, d'un examen qui ne renferme *aucune matière* préparant aux études pour lesquelles on l'exige ; ce sera donc le seul fait de s'être présenté devant l'Etat avec un bagage quelconque de connaissances étrangères, qui décidera de l'admission au séminaire. Enfin, je vois un *danger considérable* à imposer les *doctrines philosophiques*, qui ont cours dans l'Université, à des jeunes gens dont le rôle sera précisément d'enseigner au monde les notions du vrai, du juste, du beau et du bien, si méconnues de notre temps. Car, personne ne l'ignore, la philosophie universitaire, s'il en existe vraiment une, a démoli plus qu'elle n'a édifié et déjà elle a exercé une trop funeste influence sur une partie du jeune clergé ; c'est à elle que nous devons, pour beaucoup, l'introduction du néo-kantisme parmi les nôtres, au détriment des saines idées et contrairement aux instructions du Souverain Pontife.

« Si l'on m'objecte que les examinateurs ne statuent pas sur la vocation elle-même, je répondrai : Puisque vous obligez les futurs clercs à faire constater par les universitaires leur degré de science, et cela sous peine de se voir fermer la porte du sanctuaire, vous faites réellement *dépendre* de l'avis de ces messieurs *la vocation* elle-même et le sacrement de l'ordre. Que pour les fonctionnaires de l'Etat, et même pour les carrières libérales, on exige un maximum donné de connaissances humaines, et que l'Université soit juge de l'aptitude des candidats, fort bien ; mais il en va autrement pour être admis à l'étude de la théologie et de ses annexes. C'est *à l'Eglise seule* et non à l'Etat qu'il appartient de dire dans quelle mesure les sciences humaines sont nécessaires aux jeunes clercs. Cette question l'a préoccupée dès longtemps ; elle y a pourvu par l'institution des petits séminaires, dont elle se réserve la direction. Pourquoi l'Evêque abdiquerait-il ses droits, les transfèrerait-il à l'Etat ? Pourquoi charger celui-ci d'exercer un contrôle, qui revient *de droit* à l'évêque et que *lui seul peut exercer* avec discernement et sagesse et en conformité avec les vues de la Providence sur les futurs continuateurs de l'œuvre de Jésus-Christ ?

« Que l'on ne me reproche pas d'exposer l'Église à l'accusation d'être l'ennemie des sciences profanes (c'est à dessein que je ne dis pas de la science) ; elle les a toujours encouragées, et plusieurs, dans les rangs du clergé, régulier et séculier, ont rendu, sur ce terrain, d'éminents services, que l'ignorance et l'ingratitude seules peuvent méconnaître. Ne suffit-il pas de le rappeler ? Ce sont nos Bénédictins, qui, en même temps qu'ils convertissaient et civilisaient les peuples, nous ont conservé les chefs-d'œuvre de l'antiquité classique ? Et les Jésuites n'ont-ils pas contribué, pour une large part, au développement des études scientifiques et littéraires ? Que l'on ne m'accuse pas non plus de fidéisme ; car personne, plus que moi, ne désire voir le clergé briller dans toute les branches des sciences ; mais, avant toutes les autres, il faut que les prêtres donnent *la préférence* aux études ecclésiastiques, et n'est-il pas choquant de faire dépendre la vocation sacerdotale, d'un examen, portant sur des matières profanes et passé devant un jury laïque souvent incroyant ?

« En résumé, je vois dans la décision prise, un *danger* pour le recrutement du clergé, un *abandon* des droits de l'Eglise, un *péril* pour la doctrine et une *conception inexacte* de la vocation sacerdotale. Est-il besoin de dire que ces simples et franches réflexions ne m'empêchent aucunement de rendre un témoignage explicite de respect aux vénérables prélats, dont le zèle se préoccupe justement de garantir à leur clergé une formation sérieuse, tant pour la science que pour les vertus sacerdotales ? »

De toutes ces objections, je n'en retiens que deux : la première, c'est l'inutilité de la mesure ; la seconde, c'est son insuffisance.

Voici un enfant venu au petit séminaire en sixième ou en cinquième. Chaque année, cet élève a eu ses notes quotidiennes de classes, ses places de chaque semaine, un examen semestriel et la consécration solennelle de la distribution des prix. Cet élève est passé, des classes de grammaire, aux classes d'humanité, il a étudié les lois du style, de la poétique et de l'éloquence ; il n'a point négligé l'étude élémentaire des sciences physique, mathématiques. Et après trois, quatre, cinq ans de séminaire, ni les délégués de l'évêque, ni l'évêque lui-même ne se sentent capables d'apprécier son aptitude à la philosophie et au ministère ecclésiastique. Et cette incapacité, dont ils se confessent justement dépourvus, ils la reconnaitraient à des laïques, examinateurs d'Université, après une composition unique et un examen de trois quarts d'heure; étant d'ailleurs certains que ces mêmes examinateurs, aptes à juger du mérite littéraire, ne discernent, ne soupçonnent même pas, dans ce mérite, le point par où il doit préparer aux sciences de l'Eglise. Je dis, pour moi, *salva reverentia*, que cette appréciation du mérite d'un rhétoricien de petit séminaire, est, pour le supérieur, pour le professeur de l'établissement, et encore plus pour l'évêque, de *devoir strict*; et qu'ils ne doivent, sur un point si délicat, si grave, si important, s'en référer à personne. C'est à eux et à personne autre qu'appartient l'admission au grand séminaire; et le jour où cette admission dépendra des rivaux de nos collèges ecclésiastiques, des ennemis de l'Église, ce jour, dans nos annales, devra être marqué d'une pierre noire.

Il peut se faire que l'admission au grand séminaire eut été décidée parfois avec une excessive indulgence, très justiciable d'ailleurs, puisque ce triage n'est pas définitif. Il faut bien que cela ait eu lieu, puisqu'on y cherche un remède. Le remède n'est pas dans l'Université, il est dans l'Eglise; et si le jugement de l'Université ne devait pas subir d'autre contrôle, ce serait un grand malheur. Que les gens d'Eglise aient le courage de remplir tout leur devoir; ils n'ont rien à demander à l'Etat, pour cette lointaine préparation du sacerdoce.

Le baccalauréat, comme appréciation simple du mérite littéraire, a-t-il l'autorité qu'on lui suppose? — Je suis, je l'avoue, très loin de le croire, — Un plan d'études bien conçu, un ensemble de classes bien appliqué, un travail constant, sage et quelque peu enthousiaste, pour s'y prêter, voilà, ce nous semble, la meilleure garantie du stage des séminaires. Ce système d'enseignement ne vise pas à l'obtention d'un diplôme; il ne s'enferme pas dans les étroitesses d'un programme; il s'étend, il se dilate jusqu'aux extrêmes frontières de l'enseignement secondaire; il s'applique, en chaque chose, à donner à l'élève le sentiment juste de ce qu'il doit savoir, et le sentiment du grand pour tout ce qu'il doit ignorer. Un tel plan d'étude et d'enseignement nous paraît fort supérieur à cette préparation du baccalauréat, but exclusif des lycées et collèges, qui ne parait propre qu'à rapetisser l'enseignement et à faire baisser la tête.

Je citerai, ici, une anecdote. A l'époque où je faisais mes études au petit séminaire, Mgr Parisis était évêque de Langres. Cet évêque, dont ce n'est pas assez dire que de l'appeler grand, avait interdit rigoureusement au séminaire, la préparation du baccalauréat, non seulement pour les futures recrues du sanctuaire, mais encore pour les jeunes gens qui se destinaient aux carrières civiles. Dans la pensée du prélat, le motif de cet interdiction, c'est que la préparation au baccalauréat ne lui paraissait propre qu'à *rabaisser le niveau* des études. Au contraire, il pensait que l'enseignement, affranchi de ces lisières et délivré de ces bornes, devait grandir chaque jour davantage et porter l'enseignement au plus haut point de solidité. Le ministre Villemain prétendait le contraire : l'évêque pour écarter ces prétentions se permit, envers le ministre, un défi : le défi de faire concourir les élèves du petit séminaire avec les grands collèges de Paris. Le ministre n'accepta point ; il craignait, et il avait pour cela ses raisons, que les petits séminaristes de Langres ne vinssent, aux yeux de la France entière, à battre les élèves du collège Louis-le-Grand. Le fait est que, sous la puissante impulsion de cet évêque, il s'était formé, à Langres, une génération d'élèves du plus haut mérite. A deux ou trois reprises, des élèves de ce séminaire se présentèrent au baccalauréat ; ils furent reçus les premiers avec les meilleures notes et les meilleures places.

Ces raisons sont graves ; ces faits sont décisifs. La question offre un autre aspect.

Tout le monde sait bien que l'examen du baccalauréat n'est qu'une loterie : les cancres y réussissent souvent par la pitié qu'ils inspirent ; les forts échouent, parce qu'ils sont forts. Le diplôme de bachelier est appelé vulgairement une *peau d'âne* ; s'il n'a pas la vertu de faire pousser les oreilles, il ne saurait les en empêcher. La multiplication des peaux d'ânes a créé, en France, une espèce de mandarinat, de médiocratie, qui nous a fait baisser dans notre estime et dans notre réelle grandeur. Le plus grand des maux de la France, le pire des fléaux, c'est l'absence d'hommes. La France baisse, au point d'être menacée d'un complet effacement. L'abaissement des esprits, des cœurs et des caractères est un fait universel. A la faveur de cet abaissement, se sont formés des partis d'autant plus âpres à la curée qu'ils sont atteints d'une pire ignorance. Les insanités criminelles du socialisme menacent de surprendre et de dominer un pays, autrefois la patrie du bon sens, de l'honneur et du patriotisme. La guerre à la propriété, au mariage, à la famille, à l'armée, à l'ordre public et à l'indépendance du pays, ce sont aujourd'hui les passe-temps de bandits, transfuges de l'Université. Nous sommes menacés du sort de la Pologne et de l'Irlande. Et dans cette crise formidable, on nous propose, comme remède, quoi ? L'obligation du baccalauréat pour les clercs... à peu près comme le faible Melanchton, épouvanté des catastrophes déchainées sur sa patrie par son maître, proposait, comme remède efficace, un renouveau de littérature.

Je ne suis point l'ennemi de la littérature : je l'aime, je la cultive même sans autre inspiration que ma foi et autre maître que mon propre zèle. La littérature n'a jamais rien gâté ; il ne faut lui intenter aucun procès. Mais nous ne devons pas oublier que la prédication de l'Evangile, la conquête du monde par la parole apostolique, la défaite du vieux paganisme, sont l'œuvre des douze pécheurs ramassés sur les sables de la Galilée. Mais nous ne devons pas oublier qu'après l'anéantissement de la barbarie païenne, les missionnaires sans lettres des temps mérovingiens ont vaincu la barbarie sauvage des Gohs, des Huns et des Vandales. Mais nous ne devons pas oublier que ces missionnaires illettrés, appuyés sur la parole des apôtres et le sang des martyrs, ont créé les nations chrétiennes, constitué en chrétienté ces nations, doté cette chrétienté de langues, de sciences et de lettres, qui sont autant d'émanations radieuses de l'Evangile. Mais nous ne devons pas oublier surtout que, quand la renaissance du paganisme au XVIe siècle, vient prendre à revers l'œuvre des missionnaires et des martyrs, elle ne tarde guère à ébranler la foi, à oblitérer les consciences, à ébranler les institutions, à dissoudre la chrétienté, à compromettre même la civilisation et son avenir.

Puis, et aucun homme instruit ne le peut contester, depuis que l'antichristianisme, dont le baccalauréat est une appartenance, a fait devier le cours de la civilisation chrétienne et ébranlé les institutions des peuples, on ne nous parle plus que d'une religion sans Dieu, d'un christianisme sans Christ et d'une église en poussière dont chaque atôme vivant est le roi et le pontife. Sous le couvert de ces négations antisociales et homiciles, ce qui nous revient, c'est la raison désemparée, sans boussole et sans base ; c'est l'âme livrée à tous les aveuglements et à toutes les fureurs des passions ; c'est l'esclavage nécessaire à la conservation de l'humanité corrompue ; c'est le despotisme, force nécessaire pour maintenir des dehors de culture, dépourvus d'appuis moraux, sans cesse menacés par des progrès matériels restés sans contrepoids. « Nous serons abrutis par la science, disait M. de Maistre, et c'est la pire des barbaries. »

III. — Le plus grand vice du baccalauréat universitaire, c'est qu'il a pour complément, pour couronnement, pour sanction, un cours de philosophie.

La philosophie est la science des causes premières et des fins dernières ; ou, plus explicitement, la science des êtres en général et des esprits en particulier, c'est-à-dire de Dieu, de l'homme et de leurs rapports, d'après la révélation de la foi et la lumière de la raison.

La philosophie, ainsi entendue, est une création propre du Christianisme. Les anciens n'étaient pas plus que nous, étrangers à ce besoin de l'âme qui veut connaître l'essence des choses et leur raison d'être. Mais, avec leur foi incertaine et leur raison plus incertaine encore, ils ne surent que créer de grands systèmes et encadrer les erreurs qui avaient su les séduire et les idoles qu'ils avaient érigées dans leur cœur. Au milieu des lumières de la civilisation grecque, Platon disait qu'un Dieu seul pouvait enseigner la philosophie aux hommes. Confucius, le grand sage de la Chine, se tournait vers l'Occident pour invoquer le désiré des nations. Et Ciceron, le secrétaire général de la philosophie grecque, écrasé par l'évidence, après avoir synthétisé les enseignements des philosophes, porta cette sentence : Il n'y a rien de si absurde qui n'ait été dit par quelque philosophe : *Nihil est tam absurdum quod non dictum fuerit ab aliquo philosophante.*

La philosophie chrétienne, fille de l'Evangile et de l'Eglise, admirable création de grands génies, spécialement de saint Augustin d'Hippone, de saint Anselme de Cantorbéry et de saint Thomas d'Aquin, a illuminé le monde depuis sa conquête par Jésus-Christ. Je n'ai rien à dire, ici, de sa puissance et de ses bienfaits. Il suffit de constater que si les philosophes anciens ont été condamnés à l'erreur par l'absence d'une foi qu'ils ignoraient, les philosophes modernes se sont voués aux mêmes ténèbres, en répudiant la foi de leur berceau. En face de la philosophie traditionnelle du Christianisme, ils ont voulu établir un philosophie rationnelle qui s'isolait de la tradition pour se confiner dans la raison. Avec Bacon ils rejetaient cette philosophie chrétienne qu'ils qualifiaient de scolatisque, c'est-à-dire d'ignorance ; avec Descartes, ils firent reposer sur la raison seule l'édifice de nos connaissances ; et avec Leibnitz, il en vinrent à oser dire qu'il n'y avait plus à recueillir que quelques parcelles d'or, dans le fumier de la Scolastique. *Hinc derivata clades.*

Depuis trois siècles, la philosophie scolaire en France s'était plus ou moins inféodée aux philosophes modernes. Critique avec Bacon, rationaliste avec Descartes, idéaliste avec Malebranche, athée avec Spinosa, fantaisiste avec Leibnitz, cette philosophie des écoles essaya d'éviter l'erreur capitale de chaque système, en se rattachant aux vérités du symbole. De sorte que cette philosophie, chrétienne quant à l'inspiration générale, préservée des plus grands écarts par le garde-fou de l'Evangile, était cependant entachée d'erreurs qui la vouaient à l'impuissance. Ces trois siècles ou a régné cette philosophie, sont trois siècles de décadence. On suivait l'ornière et on s'enlisait dans un trou boueux, que n'assainissait plus une suffisante lumière. Les malheurs de cette philosophie, vainement prouvés par les catastrophes de l'histoire, n'alarmaient pas autrement la foi et le patriotisme, ni des maîtres, ni des élèves, ni du clergé, ni des princes. C'est depuis cinquante ans seulement qu'on s'est mis à faire le procès de cette philosophie. Ce sera un jour la gloire du XIX siècle d'avoir commencé la répudiation de la philosophie moderne ; et par des voix isolées, d'avoir préconisé le retour à la scolastique, c'est-à-dire à la philosophie telle qu'elle résulte des enseignements de l'Evangile.

Des esprits isolés avaient pris cette initiative ; Pie IX et surtout Léon XIII prirent en main ce grand intérêt de l'Eglise et de l'humanité. Léon XIII, thomiste lui-même, écrivit une Encyclique exprès pour ramener les maîtres à la philosophie de l'ange de l'Ecole.

D'un tel vœu à son accomplissement, il y a loin. De tous les locaux, le plus difficile à balayer est le cerveau humain. Trois siècles d'aberration scolaire avaient déposé, dans la boîte cranienne des Français, les toiles d'araignées du philosophisme ; les fibres du cerveau français s'étaient infectées elles-mêmes de émanations de cette petite philosophie ; et comme le gosier se forme à l'expression d'une langue, ainsi le cerveau national avait été envahi par un enseignement fautif, devenu une habitude, une seconde nature. Dans l'Église, comme partout, il est difficile de revenir des infatuations ; plus difficile à cause des habitudes ecclésiastiques du respect des traditions, et aussi à cause de ces habitudes d'adulation qui ont remplacé, parmi nous, l'antique vigueur de l'esprit. Plus l'esprit baisse, plus il s'exalte ; plus, en s'exaltant, il s'entr'ouvre aux admirations ridicules et se ferme avec aigreur aux redressements de la critique. Notre décadence française nous ramène aux coutumes bysantines. On admire beaucoup, mais on admire des riens et on s'embourbe dans la confusion.

Ce n'est pas qu'on ait négligé de mettre saint Thomas en viande hachée, ce qu'on appelle, en cuisine, de la farce. Autrefois, sans parler du brave homme qui avait mis saint Thomas en méditations, Billuart et Goudin avaient acquis, en l'expliquant, une illustration, et Duns Scot, en le contredisant, l'immortalité. De nos jours, avec le plus louable empressement, on a traduit saint Thomas; on a abrégé saint Thomas; on a mis saint Thomas, en évidence, en prose et en vers; on a surtout écrit des philosophies, dans l'esprit de saint Thomas. Saint Thomas est partout; mais il n'entre pas dans les têtes, mais il n'illumine pas encore les âmes, soit que les araignées se refusent à le recevoir, soit que les cerveaux n'entendent rien à le digérer.

Nous ne sommes plus, évidemment, au temps ou un séminariste demandant, à un professeur, à lire saint Thomas, le professeur lui répondait: C'est une *affaire grave*, j'en parlerai au supérieur. Le supérieur, saisi de la demande, répondit à son tour: C'est une *affaire grave*, il faudra que je réunisse le conseil. Le Conseil, c'est-à-dire les supérieur et professeurs, saisis, à leur tour, après en avoir délibéré, après avoir examiné la question sous toutes ses faces, après avoir pesé le pour et le contre au poids du sanctuaire, opinèrent gravement qu'il y avait péril en la chose et répondirent à la demande par un refus. En 1840, saint Thomas était encore dangereux à lire; en 1850, il était en salle de théologie avec des volumes de Patrologie et la Somme des Conciles, à portée de toutes les mains.

Cinquante ans de vogue, même après la formation romaine d'un certain nombre de professeurs, n'ont pas encore détruit la tradition gallicane des séminaires et introduit parmi nous le séminaire romain. Saint Thomas est revenu; il est juxtaposé aux us de l'enseignement gallican; il subit ses méthodes, ses programmes et s'embarbouille parfois de ses solutions. C'est une réforme radicale qu'il faudrait à ces établissements; je n'ai pas entendu dire qu'elle ait eu lieu; je suis même enclin à croire qu'on s'y refuse.

La cause de cette étrange disgrâce, c'est l'absence d'un Bacon anti-gallican. Le chancelier de Vérulam, à l'aurore du philosophisme moderne, avant de donner le *Novum organon*, avait publié, le *De augmentis scientiarum*; il avait dressé l'inventaire des doctrines reçues, et procédé, il le croyait, à leur expurgation. Bacon fut l'introducteur du rationalisme. Dieu, qui ne manque jamais à son Église, nous avait donné un Bacon, antithèse du premier; c'était Jean-Baptiste Aubry que le P. Freyd appelait le *colosse de Rhodes* du séminaire français à Rome. Après avoir professé à Beauvais,

Aubry, qui avait une grande âme, alla mourir missionnaire en Kouéi-Tchéou. En travaillant à la conversion de la Chine, il n'avait pas oublié sa mission de restaurer la France. Sans cesse, il écrivait ; quand il mourut, ses papiers revinrent au pays, légués à son frère Augustin, — un véritable Augustin, — qui devait faire valoir l'héritage du défunt. Notre Augustin a publié dix volumes. Ces dix volumes sont consacrés exclusivement à l'œuvre préparatoire du triomphe de saint Thomas. Dans leur vaste ensemble, ils ne se bornent pas à des spéculations sur les principes généraux et la méthode de la science catholique ; ils édictent la loi constitutionnelle des grands séminaires ; ils s'attaquent successivement à l'Écriture sainte, au Dogme, à la morale, au Droit Canon, à l'histoire, à la vie spirituelle ; et sur chaque point effectuent l'indispensable réforme pour substituer, au séminaire gallican et à ses funestes routines, le séminaire romain avec la solidité de ses méthodes, la certitude de ses doctrines et la magnificence de ses illustrations.

Les frères Aubry ne sont peut-être pas les deux plus grands esprits de notre temps ; ils sont certainement les deux apôtres les plus entendus à la révolution qui doit transformer les séminaires, et, par suite, transformer la France. Saint Thomas ne triomphera qu'à ce prix ; je crois à la proximité de ce triomphe. La bourrique de Balaam elle-même le salue d'enthousiasme. Ce qui m'enchante dans cette espérance, c'est que Jean-Baptiste Aubry est mort martyr de sa cause, tué par le travail ; et que son frère Augustin Aubry, qui s'est saigné pour la publication des œuvres du missionnaire, a, depuis dix ans, pour nourriture, à son déjeuner, les vieux crapauds du gallicanisme.

Sur cette question capitale de saint Thomas et de la réforme de l'enseignement philosophique, voici une lettre de notre Augustin. Le Pape avait écrit, sur ce même sujet, au jeune évêque de Verdun : « Une fois de plus, dit Augustin Aubry, en quelques lignes très suggestives, Léon XIII remet au point les choses de l'enseignement ecclésiastique. Aux professeurs de nos grands séminaires il fait un *devoir capital* de *laisser de côté les inventions d'une vaine philosophie*, de *suivre saint Thomas* et de *le cultiver comme leur maître et leur chef*. Plus énergiquement que jamais, il insiste sur la mise en œuvre du programme tracé par ses lettres antérieures.

« Il est impossible, ajoute-t-il, que le nombre chaque jour croissant des séminaires susceptibles de servir de modèles aux autres, ne nous apporte pas une très grande satisfaction...

« Chose remarquable, Léon XIII procède ici par souhait. Pourquoi cette tournure donnée à l'expression de la parole pontificale ? N'y sentez-vous pas des doléances, de graves *desiderata ?* Ne juge-t-on pas aussi à Rome que la philosophie du baccalauréat universitaire est un *substratum* plutôt douteux ?

« De la lettre de Léon XIII, il nous semble ressortir, clair comme le jour, que cette philosophie de saint Thomas, que cette théologie scolastique, dont il réclame, depuis longtemps, la restauration ne serait pratiquée que dans un très petit nombre de nos séminaires, *susceptibles*, dit-il, *de servir de modèles aux autres.*

« Or, quels sont ces *séminaires-modèles* où règne déjà, dans toute sa plénitude l'enseignement scolastique ? Je cherche, avec avidité, la liste des écoles philosophiques et théologiques où l'Encyclique *Æterni Patris*, prescrivant la philosophie de saint Thomas, est appliquée dans toute sa teneur. Aujourd'hui, certes, il n'y a plus d'excuse à la non-application des ordres de Pape ; son programme date du 4 août 1879 : depuis 22 ans, on a eu le temps de réformer, de réorganiser.

« Hélas ! Je voudrais croire à une restauration solide et *générale* dans le sens et selon les idées de Léon XIII. Mais la lettre pontificale du 1er octobre dernier, confirme des craintes dont j'étouffe depuis longtemps l'expression.

« Craintes fondées sur l'usage général — à peu d'exceptions près — d'auteurs classiques médiocres, douteux, parfois même plus ou moins entachés d'ontologisme, de cartésianisme, de kantisme, de rationalisme.

« Craintes fondées sur le choix des professeurs, zélés toujours, improvisés souvent, inférieurs quelquefois, scolastiques rarement.

« Craintes fondées sur la manière dont on use de saint Thomas, en procédant bien plus par citations isolées que par étude suivie de ces traités — ce qui est une sorte d'*adultération* et une méconnaissance absolue de sa méthode et de la ligne tracée par Léon XIII.

« Craintes fondées enfin sur les résultats constatés depuis vingt ans, c'est-à-dire : la dépression de l'esprit sacerdotal, l'affaiblissement de la prédication, le rationalisme des idées, l'absence des principes les plus élémentaires, la division à l'infini des forces catholiques.

« Nous osons soutenir, et nous nous faisons fort de prouver, chiffres en mains, que l'*essentiel* est encore à faire pour la restauration des études philosophiques et théologiques, dans la plupart de nos écoles françaises.

« L'ouvrage considérable sur les *grands séminaires*, que nous avons publié en 1891, a été l'occasion d'une vaste enquête dont la documentation, très grave, très significative, demeure entre nos mains, comme une preuve incontestable de la justesse des *desiderata* de Léon XIII.

« Cette preuve, nous la produirons prochainement. Faites par les hommes les plus en vue du clergé et de l'enseignement, qui ont bien voulu nous donner leurs impressions, et nous éclairer sur l'état de nos diocèses, elle se résume en une vive *doléance* sur le triste état des choses sacrées chez nous.

« Nous n'aurions pas cru que l'on pouvait encore descendre plus bas, et faire du baccalauréat universitaire la pierre de touche de la vocation sacerdotale.

« Nous dédions ces quelques pensées à messieurs les *démocratisants* du clergé. Nous nous permettons de leur indiquer cette veine qu'ils semblent n'avoir pas songé à exploiter : l'étude des principes, d'après Léon XIII; une forte préparation philosophique et théologique, toujours d'après Léon XIII; mais surtout des principes, des principes, des principes !...

« Car aller au peuple sans principes solides, sans idées précises — comme il arrive prcisément à nos sus-dits *démocratisants* — c'est gâter la besogne du bon Dieu ; c'est troubler des consciences déjà bien affaiblies ; c'est ménager à l'Eglise de France des déceptions amères, des ruines irréparables. »

Nous ne nous arrêtons pas ici, au caractère classique de la Somme de saint Thomas, ayant traité, dans cette même revue, cette grave question, par une lettre à l'adresse du Souverain Pontife. Nous rappelons seulement que, par ordre de Léon XIII, le cours ecclésiastique de philosophie doit durer deux ans.

IV. — Notre attention doit se porter sur la question des Saintes Ecritures, à l'aurore du XXe siècle.

Chez les Juifs et chez les Chrétiens, les livres sacrés ont toujours été l'objet d'un culte religieux. On les lisait, on les expliquait, on les commentait : jamais aucun livre n'a été autant lu, autant commenté que la Bible. Quand s'ouvrit sur le monde le puits de l'abîme, il voulait, sans doute, obscurcir les astres, par les tourbillons de ses noires vapeurs ; mais le grand hérésiarque Luther affecta d'abord, envers la Bible, un surcroît de dévotion. La Bible était le message de Dieu à l'humanité : tout était dans la Bible, clair, accessible au plus humble esprit. Il n'y avait, pour être inondé de la lumière divine et purifié par la grâce, qu'à lire la Bible sans notes ni commentaires. C'était facile; mais on ne devait pas jouir longtemps d'une si facile justification.

Après la longue et douloureuse période d'effervescence protestante et de sanglants combats, les Protestants ne se contentèrent plus de lire pieusement la Bible; ils se mirent à l'éplucher, à épiloguer sur les textes, sur l'authenticité des livres, sur le canon des Ecritures. Inféodés d'abord à l'athéisme de Spinoza, puis aux fragments de Wolfenbuttel, ils subordonnèrent la Bible, non plus seulement au jugement de la raison individuelle, mais aux théories de philosophie et à toutes les fantaisies du piétisme. Sans parler de différentes pratiques que peut comporter l'aristocratie de la raison dans l'interprétation des Ecritures, ces gens qui nous reprochaient l'esclavage romain, se firent les esclaves des systèmes de philosophie et des révolutions des écoles. Ce changement de front était chose grave, et disons-le tout de suite, l'abdication implicite du christianisme. S'il n'y a pas de société sans religion, il n'y a pas de religion sans un principe inébranlable qui sert de base aux croyants. Croire à tel dogme de foi, pour tel motif décisif, tel est l'acte fondamental de la vie religieuse. Suivant la fragilité ou la force du motif déterminant, la foi est plus ou moins solide; et suivant la solidité de sa foi, l'homme est plus ou moins fort dans l'accomplissement du devoir, la pratique des vertus et s'attache aux saintes espérances.

Le protestantisme s'est brisé sur cet écueil. Par suite d'une longue dissolution dont je n'ai point à raconter l'histoire, les docteurs du protestantisme ont anéanti le corps entier des Ecritures, non pas dans l'obscurité d'un petit réduit d'étudiant, mais en plein soleil, du haut d'une chaire, souvent sous l'œil du prince et comme au nom de l'Etat. Voilà une hérésie qui n'avait gardé, comme principe surnaturel, que les Ecritures, livrées aux interprétations du libre-penseur. Cet amas de sectes avait rejeté Celui qui doit paître le troupeau du Christ et confirmer les évêques. A la place du Vicaire de Jésus-Christ, nous avions un Pape en papier, mais un livre ouvert, que chacun était libre d'interpréter à sa guise. La Bible n'est pas un livre distribué comme un code, formulé comme un cours de géométrie; il est même très difficile, même aux hommes instruits, de la comprendre; et cela est si vrai que toutes les sectes protestantes, convaincues de l'imbécillité de la multitude, lui donnent des ministres pour lui faire des lectures et lui offrir des interprétations. L'intelligence avec sa faiblesse, la raison avec sa passion destructive, l'imagination avec ses écarts, le cœur avec ses mauvais penchants, les philosophes avec leur orgueil, l'Etat avec ses ambitions : toutes ces puissances dévoyées ont mis la Bible en poussière. Le protestantisme ne connaît plus ni le canon des Ecritures, ni la teneur et le sens des textes, ni l'authenticité des deux Testaments. Le protestantisme n'est plus qu'une forme du philosophisme, une force aveugle du cyclone révolutionnaire : il n'a pas seulement anéanti les Ecritures, mais dévoré toutes les doctrines positives ; et historiquement, l'application de ce principe destructeur, aurait mis le monde aux abois, si l'instinct des peuples et le bon sens des princes n'eussent conjuré ses fureurs.

Malgré les diminutions de la vérité en France, malgré les ébranlements profonds de la société civile, le clergé français, dans son ensemble, n'a été ni envahi, ni même menacé par les infiltrations protestantes. Mais on ne peut nier sérieusement qu'il ne soit fortement exposé à la tentation, le peuple encore plus. Aujourd'hui comme hier, nos érudits et nos savants doivent emprunter, à la science allemande, non seulement ses procédés et ses méthodes, mais parfois les résultats, encore incertains, de ses patientes investigations. De là, à accepter des doctrines et des directions, il n'y a pas loin. Faut-il rappeler qu'il s'est produit, dans notre clergé paroissial, des ébranlements, des séductions, des chutes, un exode comme il ne s'en était jamais vu depuis Calvin et cela en pleine paix. Les évadés ont leur budget, leur journal, leur appui de l'Etat, des encouragements à l'étranger. Des missions protestantes sillonnent la France dans tous les sens ; elles circonviennent les gens du peuple et flattent les passions de la bourgeoisie. L'Etat qui a supprimé la Faculté théologique en Sorbonne, l'a remplacée par une Faculté protestante et par une Faculté dite de religion comparée, mais simplement pour la destruction du catholicisme. Au nom de l'Etat et aux frais des contribuables, des maîtres, nés des écumes du rationalisme le plus radical, travaillant à l'anéantissement du grand culte de la patrie.

De ces circonstances, il faut rapprocher deux faits graves : l'enseignement micrologique scripturaire en France, sa faiblesse, qui défend mal, contre la séduction, les intelligences ; le second, cette déformation du cerveau ecclésiastique par cette funeste tradition du particularisme français. De là, il faut conclure que notre faiblesse relative et la force incontestable de l'ennemi, — quoique cette force ne soit qu'une faiblesse, — créent pour nous, dans le champ des Écritures, un réel péril.

Ce péril paraît plus grave, si l'on songe à la déroute actuelle des mœurs publiques et à l'ébranlement intellectuel que causent les progrès de la Révolution. Mais en sens contraire, il faut noter la publication des grands Dictionnaires d'Ecriture sainte et de Théologie et la croisade scientifique dont ces publications soulignent les conquêtes. « Comment, demande un Jésuite, ne point applaudir à la création si audacieusement originale de l'*Ecole exégétique* de Jérusalem, où l'Ordre de Saint-Dominique a porté ses antiques et hautes traditions de science théologique scripturaire ? Les Facultés de théologie, qui sont comme le cœur de nos Universités catholiques, ont contribué, elles aussi, à multiplier dans les rangs du clergé séculier et des congrégations religieuses, des prêtres mieux outillés que leurs devanciers, pour les luttes scientifiques et la défense de la vérité. Elles donneront leur vraie mesure et des fruits plus abondants, le jour où, cessant d'être des écoles complémentaires des grands séminaires, elles auront leur vie propre et autonome, embrassant le cycle entier des sciences religieuses, avec un personnel plus nombreux et des étudiants qui leur appartiendront davantage[1] . »

Cette expression d'espérance sert de préface à un volume ou le Jésuite dénonce, dans le clergé, des *infiltrations protestantes* et signale les aberrations de plusieurs. Maurice d'Hulst, dont l'esprit était peu sûr, est rappelé comme patron, par simple hypothèse, de cette interprétation large, qui admettait des erreurs dans la Bible. L'hypothèse de d'Hulst eut pu être mise à l'index, comme l'hypothèse libérale de Lamennais. Le Pape, toujours bienveillant pour la faiblesse libérale, se contenta de redresser, par une Encyclique, ses écarts ; mais, dans sa sincérité, il ne manqua pas de dire que cette manière de défendre les Ecritures équivalait à une trahison. Depuis cette Encyclique où le Pape a dressé des garde-fous sur le bord de tous les abîmes, le P. Fontaine ne croit pas que nous soyons restés sans défaillances. A son humble avis, la critique s'est donné des torts envers la théologie ; elle a rendu douteuse, la révélation primitive ; elle a ébranlé l'authenticité du Pentateuque et les arguments qu'il fournit sur Dieu, l'âme, l'immortalité et la vie future ; elle a diminué la juste notion du Messianisme, et fait un Christ trop humain ; elle a mal posé le problème des synoptiques et la question johanninne ; elle a compromis la divinité de Jésus-Christ et la valeur démonstrative du quatrième Évangile ; elle a altéré l'histoire des dogmes sur le chapitre de

1. P. Fontaine, S.-J. *Les infiltrations protestantes*, avant-propos, p, VIII.

la pénitence ; enfin elle a paru contester l'éternité des peines de l'enfer.

L'Eglise tient pour thèses établies l'authenticité canonique des livres saints, la juste notion de l'inspiration divine et l'absolue véracité des divines Ecritures. En présence de ces affirmations indiscutables, la critique historique a sa tâche pour l'illustration des livres et l'interprétation des textes ; elle doit surtout les débarrasser des infiltrations de l'exégèse protestante, « qui a envahi, dit le P. Fontaine, presque toutes les branches de la science ecclésiastiques. Au lieu de se faire simples rapporteurs de l'exégèse d'outre-Rhin, ils mettront leur science au service de la dogmatique révélée. Nous ne tarderons pas à avoir une exégèse à nous, vraiment catholique et vraiment scientifique[1]. » C'est aux évêques, Messeigneurs, à hâter cet heureux avènement.

V. — Ce sont là des périls certains, mais peu graves ou peu dangereux ; il faut venir au grand péril de l'Église en France, au péril qui la menace par contrecoup, dans tous les pays qu'éclaire le soleil de la civilisation moderne.

Des infiltrations protestantes, des notions peu réfléchies sur le rôle des lettres et les devoirs de la philosophie dans l'Église, quelques illusions sur la nécessité de constituer à la romaine les grands séminaires de France : ces choses-là méritent certainement d'attirer l'attention. Mais le mal, le grand mal qui doit attirer toutes les réflexions, provoquer tous les efforts, amener une indispensable et unanime résistance de l'épiscopat, c'est la transformation qui s'exerce, sous nos yeux, par le complot trois fois séculaire et les manœuvres scélérates de l'anti-christianisme.

Pour laisser de côté toute considération trop générale de science spéculative, il faut nous mettre en présence de l'histoire. L'Évangile a été compris, depuis Jésus-Christ jusqu'à Luther, comme l'entend et l'applique au monde, la sainte Église Romaine ; l'Évangile a été expliqué autrement, par Photius en Orient, par Luther en Occident ; et cette explication différente met de côté la vieille constitution de la sainte Église, écarte son chef, le Pontife Romain, et entend faire marcher le monde sous les lois de la libre-pensée. Depuis trois siècles, par une gestation qu'il est superflu de commenter ici, Luther a engendré Descartes, Descartes a ouvert les voies de l'autocratie ou du parlementarisme à Louis XIV, à Mirabeau, à Napoléon. Puis, par la dissolution du

1. *Les infiltrations protestantes*, p. 266.

principe religieux, l'Europe est venue de Bayle à Voltaire, de Voltaire à Proudhon. Aujourd'hui, tous ces éléments de dissolution religieuse et de rationalisme philosophique produisent un chaos immoral et antisocial, d'où doit, paraît-il, sortir un nouveau monde.

Ce radicalisme hérétique, schismatique et révolutionnaire s'appelle, depuis longtemps, l'antichristianisme. Antichristianisme, cela veut dire, en gros, qu'on rejette, non seulement l'Église, mais l'Évangile, Jésus-Christ et Dieu, pour ramener le monde aux infirmités de la nature déchue et constituer l'ordre social sur l'athéisme. On ne pourrait pas, après vingt siècles de christianisme, revenir aux abjections du paganisme et rétablir, dans les temples, le culte des idoles. Jupiter est bien mort; les mystères de la bonne déesse, on peut en essayer la restauration, mais pas dans leur forme antique. C'est bien d'un monde nouveau qu'il s'agit; c'est bien un renouvellement de l'ordre des siècles qu'on veut tenter; mais il s'agit de savoir en quoi il consiste, et cela même tout le monde ne sait pas l'apercevoir, l'expliquer ou le comprendre.

Pour procéder par analyse, à prendre les choses dans l'ordre expérimental, nous constatons, en France, l'avènement de nouvelles couches, personnifiées par un parti de gouvernement. Ce parti est entré en scène avec un mot d'ordre de guerre contre le cléricalisme, synonyme à peine déguisé du christianisme, mais déguisement qui ne peut travestir la réalité des choses. Depuis vingt-cinq ans bientôt, ce cri de guerre s'est affirmé par un ensemble de lois, absolument hypocrites, mais non moins absolument antichrétiennes. Lentement, mais sûrement, suivant le mot d'un partisan du système, avec un sens pratique, très clairvoyant, on est venu à couper, l'un après l'autre, tous les membres de nos églises. Depuis vingt ans, ce qui s'effectue en France, c'est la démolition, pierre par pierre, du grand édifice de la civilisation chrétienne. On ne veut, ni fermer les églises, comme en 1793, ni, moins encore, les mettre au ras du sol; mais l'État s'en attribue la propriété et veut en modifier l'usage. Ce fait crève les yeux; il est superflu d'insister.

Sans engager aucune polémique, il s'agit de savoir en vertu de quels principes de philosophisme, de quelles théories politiques, se poursuit, par les lois, l'éviction du Christianisme.

C'est en vertu de deux théories qu'on a appelées, l'une, l'américanisme; l'autre l'internationalisme : l'un faisant échec à l'Église, dans l'ordre social; l'autre, apportant une nouvelle règle, autre que la chrétienté, pour ordonner entre elles, les rapports des nations.

L'américanisme est la doctrine qui prétend régler partout, dans l'univers, la condition de l'Église, conformément à ce qui existe en Amérique. L'Amérique, habitée originairement par des races autochtones, dont la barbarie amenait la ruine, fut repeuplée par des réfugiés anglais, qui fuyaient la tyrannie du protestantisme officiel. Ces puritains, victimes de la persécution, une fois établis, se firent persécuteurs à leur tour. A la vérité, ils avaient une certaine liberté de libre examen, voire une certaine tolérance, mais ils s'en faut qu'ils aient constitué un régime vraiment admissible par l'Église catholique. Notre clairvoyant ami, Jules Tardivel, rédacteur-propriétaire de la *Vérité* de Québec, dans un livre d'une absolue sincérité et d'une irréfragable documentation, a décrit la *situation religieuse* aux Etats-Unis, il a opposé la réalité aux rêves, et prouvé que cette soi-disant démocratie libérale était bien la moins tolérante et la moins juste des démocraties. Le fanatisme protestant y pousse à l'absence de religion ; mais il n'admet pas l'égalité de droits et la libre expansion des catholiques. On peut admirer la prodigieuse croissance des Etats-Unis, dans un laps de temps très court. On peut croire que cet enfant, hier au maillot, devenu un géant, pourra se prêter aux exigences de la civilisation chrétienne. Mais, a dit Léon XIII, « il faut détruire cette erreur ; personne ne doit penser qu'il faille emprunter à l'Amérique, l'exemple d'une excellente condition de l'Église : *Error tollendus ne quis binc sequio existimet petendum ab Americâ exemplum optimi Ecclesiæ status.* »

Il n'y a pas maintenant qu'un américanisme, il y en a quatre. Le plus récent est l'américanisme italien. Mais quel est cet américanisme ? Rien autre chose que le libéralisme italien couvert du drapeau étoilé. Il n'a qu'un dogme essentiel, savoir, que le pouvoir temporel du Pape est le pire ennemi du catholicisme. Les américanistes italiens prétendent s'appuyer sur les doctrines de quelques évêques d'Amérique. Peu d'accord sur les détails, ils s'accordent généralement à proclamer l'inutilité des ordres contemplatifs et les désavantages de l'union de l'Église et de l'Etat.

L'américanisme allemand est le plus impétueux. C'est le plus récent produit de l'esprit qui a fait déclarer la soi-disant réforme du XVIe siècle. Il veut réformer encore l'Église catholique et attaque particulièrement l'inspiration divine des Saintes Écritures. Sur ce point, il se confond avec le radicalisme de l'impiété.

L'américanisme français est le produit de plusieurs éléments dont le principal est l'ignorance de la condition de l'Église en Amérique. Aux Etats-Unis, la population est, en grande majorité, protestante ou indifférente ; en France, elle est presque exclusivement catholique. Les Etats-Unis sont un pays neuf, avec peu ou point de traditions et d'esprit catholique ; en France, la religion catholique fait partie de la vie journalière du peuple et se trouve confirmée par les plus anciennes coutumes. Les Etats-Unis, où le protestantisme des sectes prévaut sur la majorité de la population, ne peuvent offrir aux peuples catholiques ni exemples, ni principes qui puissent augmenter, dans leur sein, l'esprit de religion.

Une autre erreur de l'école française, c'est de parler du mouvement américain comme d'un ensemble d'études acquises et de déterminations formelles, acceptées par la hiérarchie, mises en pratiques par les prêtres et les fidèles. C'est une erreur absurde. En Amérique, l'américanisme n'est qu'un ensemble d'opinions flottantes, dont personne ne voudrait subir publiquement la responsabilité.

Au fond, l'américanisme américain n'est qu'un *compromis* avec les protestants, un désir de ne pas les offenser, une tendance à faire montre de générosité, en s'accommodant de leurs usages. Mais il n'est pas prouvé que ces usages, ces tendances, ces vœux soient approuvés, ni même tolérés par les autorités ecclésiastiques. Ce sont surtout des phrases à perte de vue qui caressent le vague des pensées, mais ne viennent pas à prendre corps.

Quand aux relations de l'Église et de l'État, les journalistes disent que le système américain est le plus désirable pour tous les peuples. Les journalistes ne sont ni des canonistes, ni des théologiens. Le jour où des prêtres ou des évêques admettraient ces opinions, il faudrait examiner leur orthodoxie. Pour le moment, Léon XIII a parlé clairement et fortement. Les pays catholiques doivent se conformer au principe d'union de l'Église et de l'État. Dans les pays protestants, l'Église a le même droit, inhérent à son institution divine. Jamais elle ne consentira à être mise au niveau des sectes. Si elle ne peut faire valoir son droit, elle accepte la position qui lui est faite. Aux États-Unis, elle est librement tolérée. Cette tolérance vaut mieux que la persécution et l'oppression, et autant qu'elle améliore une situation, précédemment plus fâcheuse, l'Église n'hésite pas, en attendant mieux, à s'en contenter.

L'américanisme français ne compte pas, sans doute, que des

apostats ; mais il en a au moins un. Les autres sont des esprits sincères et honnêtes qui veulent, par leur stratégie, promouvoir les intérêts de l'Église ; mais ils manquent d'équilibre, de bon sens, de pénétration ; les résultats de leur propagande sont, jusqu'ici, peu dignes de louange.

Le côté par où ils paraissent plus blâmables, c'est que leurs incohérences, sans approuver positivement les attentats de la persécution, leur fournissent malheureusement des prétextes et des excuses. On détruit les œuvres de l'Église, soi-disant pour améliorer une situation dont ces beaux esprits ont fait la critique. Mais, après Léon XIII, il ne faut pas se lasser de le redire : 1° Aucun dogme ne peut être ni changé, ni tu, pour se ménager les faveurs de l'opinion : il faut être des catholiques intransigeants ; 2° la discipline s'adapte sans doute aux temps et aux lieux ; mais le lien qui rattache les fidèles à l'autorité ecclésiastique, peut, moins que jamais, subir de relâchement. De là, il suit : 1° qu'il faut accepter la direction extérieure et ne point dire que le Saint-Esprit suffit à diriger les âmes ; 2° qu'il faut, sans doute, pratiquer les vertus naturelles, mais ne pas ébranler la prééminence des vertus surnaturelles ; 3° qu'il ne faut pas réprouver les vœux de religion, comme opposés au génie de notre temps ; 4° qu'il ne faut pas jeter de défaveur sur la vie religieuse ; 5° qu'il ne faut pas préconiser une nouvelle méthode pour amener les dissidents à l'Église, ni déconsidérer les vertus, soi-disant passives, qui sont aussi actives que les autres. L'américanisme est l'expression plus ou moins aveugle, plus ou moins explicite, de la déraison et de la trahison.

L'internationalisme, autre forme des aberrations actuelles, autre source terrible de perversion et de relâchement, n'est, sous un autre nom, que l'israélitisme talmudique. Francs-maçons, protestants, libres-penseurs, intellectualistes soi-disant catholiques, ne sont que les dupes ou les complices de la juiverie. Depuis vingt-trois ans, un complot, ourdi de longue date contre la France catholique, est arrivé au gouvernement de la France. Toutes les lois antichrétiennes, édictées depuis, l'ont été sous l'inspiration doctrinale de l'internationalisme judaïque et de la haute banque, trésor largement ouvert à la trahison. L'alliance israélite universelle est le centre et le foyer de la conspiration antichrétienne ; son double but est de fondre toutes les patries dans une seule république, de fondre toutes les religions dans une religiosité vague et de prendre la tête du monde. Sous son inspiration et sa conduite, les sociétés secrètes et la presse travaillent à anéantir l'idée de patrie et à détruire tout principe de religion. Déjà, dans le passé, les Juifs avaient été les promoteurs ou les fauteurs de toutes les hérésies, les agents de la conspiration permanente qui représente, en histoire, les faiblesses de l'humanité et le génie du mal. Aujourd'hui, cette puissance ennemie, devenue libérale et humanitaire, monte à l'assaut des patries et de la sainte Église.

L'idée que le clergé français puisse entrer, à un titre quelconque, dans cette conspiration juive, n'est pas admissible ; mais il y a là un élément de séduction. L'américaniste apporte, ici, son concours ; le P. Hecker, fondateur des Paulistes, voulait supprimer les barrières religieuses, interdire les polémiques, étendre les limites de la tolérance et ne considérer, dans la morale, que les résultats. Les Congrès de religions proposent l'union suprême des religions et prétendent procurer par là de nouveaux rapports avec Dieu et l'avancement intérieur de l'Eglise. Dans cet ébranlement, tout n'est pas faux ; mais tout n'est pas sûr. Le système du moins possible ne peut pas être un principe de force. Que nous cherchions des remèdes aux maux très graves, c'est le devoir ; que nous travaillions à la grande unité par la foi et par l'Eglise, c'est notre espérance. Mais rien, rien, pour l'énervement des croyances et la diminution des vertus ; rien, rien pour l'antichristianisme, contrefaçon satanique de l'Evangile et programme du futur Antéchrist.

L'heure est solennelle, l'homme s'agite et va où Dieu le mène. Le monde est très agité ; matériellement il progresse ; intellectuellement, il est très faible ; moralement, très bas ; socialement, prêt à la guerre civile et étrangère. Nous serons peut-être broyés ; c'est pour être mêlés. En principe toutefois, l'Eglise seule possède les lumières et les grâces du salut. Il n'y a point d'autre nom que le nom de Jésus-Christ ; point d'autre pouvoir que le pouvoir infaillible du Pontife Romain, pour nous assister dans les combats. Le clergé, séculier et régulier, suffisent à l'œuvre ; mais il n'y a rien à changer dans nos principes de spiritualité, dans nos lois d'éducation cléricale, dans nos traditions de propagande religieuse. La douce France, la race qui versait au cœur des nations l'esprit de Jésus-Christ, doit être soutenue contre le complot judeo-maçonnique, elle doit être relevée par le clergé, par l'infusion d'un sang nouveau, le sang de la pure théologie et des enseignements de la Chaire Apostolique [1].

1. Je veux citer ici et recommander chaleureusement deux ouvrages très propres

De là, Messeigneurs, il faut conclure que toute inertie, tout effacement, toute complicité en présence des lois antichrétiennes, est plus qu'une faute ; c'est un crime et une sottise. Le devoir de l'heure présente, c'est, plus que jamais, l'intransigeance doctrinale, l'ardeur morale, le combat pour Dieu et pour la patrie. Les évêques ont fait la France ; c'est à eux, Messeigneurs, qu'il appartient de la conserver, de porter plus haut les esprits abattus, de vaincre le mal par le bien.

VI. — Tout s'assombrit en France. Les courages déjà si débiles, menacent de faiblir encore davantage sous les coups aussi habiles que sûrs, portés par l'ennemi. Pour secouer les tristesses présentes, ranimer les courages, soutenir et développer nos forces, il faut aller au combat. Hélas ! depuis douze ans, que nous poussons le cri de guerre, nous ne pouvons constater que l'inutilité de nos efforts, et, sauf le sacrifice personnel qui nous a été imposé, nous ne savons pas bien par quoi on pourrait plus efficacement contribuer au salut de la France. Pour notre humble part, nous croyons à la nécessité de la résistance et à l'urgence des grandes batailles. Nous avons même prononcé le nom d'une Croisade à l'intérieur, ayant à sa tête le clergé. Mais voilà, quand nous parlons de tirer le glaive apostolique, on nous répond que le Pape le défend et que les évêques en s'abstenant, n'ont fait que suivre le mot d'ordre pontifical. De plus, on ajoute, en branlant la tête, pour montrer sa sagesse et nous accabler d'ironies, on ajoute qu'il faut préférer, à la bruyante publicité, les démarches secrètes ; il paraît plus digne, plus conforme aux usages nationaux de porter ses plaintes aux détenteurs de l'autorité publique : c'est donner, aux gouvernants, un gage de confiance dans leur probité et dans leur justice. — A aucun prix, on ne veut s'immiscer dans la politique et descendre dans l'arène des partis.

à dissiper les confusions et à ranimer le courage : l'un est intitulé : Le *P. Hecker est-il un saint ?* par Charles Maignen ; l'autre *L'américanisme et la conspiration universelle*, par Henri Delassus. Ces deux ouvrages sont deux chefs-d'œuvre de bon sens, de science et de résolution, chose, hélas ! trop rare aujourd'hui. L'abbé ou le P. Maignen a publié, sur le même sujet, deux autres ouvrages : l'un intitulé : *Nationalisme, Catholicisme, Révolution* ; l'autre : *Nouveau catholicisme et nouveau clergé*. Le premier se refère à l'américanisme français et le démolit avec une grande force de raison ; le second est consacré au conciliatorisme imbécile qui ouvre la porte au schisme et fait écho aux deux ouvrages de l'Antisémite de la *Patrie française*, *L'Abomination dans le lieu saint* et la *Désolation dans le sanctuaire*. Ces livres ne sont pas seulement de circonstance ; ce sont les classiques de fond, le manuel de l'homme qui veut connaître son devoir et le remplir.

Au sujet de la consigne du Pape, nous n'entendons, à aucun prix, nous introduire, d'une manière quelconque, dans le gouvernement effectif de l'Eglise. C'est à Pierre, c'est au Pape, que Jésus-Christ a dit : Paix mes agneaux, paix mes brebis, confirme tes frères. Les paroles adressées à Pierre, à ses successeurs, aux coopérateurs que le Pape appelle à partager sa sollicitude, ne s'adressent à personne autre ; et personne, fut-il roi ou empereur, fut-il le plus grand des docteurs et le premier des hommes de génie, ne peut légitimement contredire ou contrecarrer les ordres du gouvernement ecclésiastique. A se tenir toutefois aux documents officiels, il nous paraît cent fois prouvé que la consigne du Pape est de défendre l'Eglise ; que ce devoir s'impose aux simples soldats et aux officiers d'état-major ; que le Pape l'a particulièrement établi dans l'Encyclique *Sapientiæ christianæ* et tout récemment, dans une lettre au cardinal Richard, pour la défense des ordres religieux.

En France, tout le monde est plus ou moins convaincu de la nécessité de valeureux combats ; tout le monde le déclare, mais quand il s'agit de remuer seulement le bout des doigts, tout le monde se dérobe.

Or, ici, se dresse un énigme posé par le sphinx de l'histoire. D'un côté, en France, on nous dit officiellement que les évêques, en s'abstenant d'agir, obéissent aux recommandations du Pape ; de l'autre, on nous assure qu'à Rome, il y a, contre nos évêques, une plainte unanime de leur refus d'obéissance aux appels du Pape. Il y a, ici, une évidente contradiction dans les termes. Il est impossible que le même Pape commande en même temps d'agir et de s'abstenir ; quand aux évêques, ils ne peuvent être répréhensibles qu'autant qu'ils se seraient dérobés aux ordres du Pape ; ils ne peuvent l'être si le Pape décommande réellement l'action.

Mais le Pape décommande-t-il réellement l'action ? Officiellement, il n'y en a aucune preuve ; officieusement, c'est possible. Il y a donc doute, et, dans le doute, il faut s'abstenir.

On nous donne, pour justifier la soi-disant inertie du Pape, pendant qu'on démolit nos églises, le projet de sauver par des concessions, le budget des cultes. Pour nous qui ne sommes rien et qui pouvons parler d'autant plus librement ; pour nous, qui ne croyons pas à la probité de nos sectaires politiques, nous écrivions, il y a bien des années, au Cardinal secrétaire d'Etat pour lui dire notre incrédulité au regard de la diplomatie qui laisse briser nos églises pour sauver le budget. Non pas que nous contestions sa sagesse, mais il nous paraissait que renoncer à se défendre, c'était encourager l'ennemi, et plutôt hâter que retarder la suppression de l'indemnité due par l'Etat à l'Eglise pour les biens confisqués par la Constituante. — Dans le fait, depuis vingt ans, notre glorieuse sagesse n'a abouti qu'à des ruines ; et si tout est perdu, nous n'avons même pas la consolation d'écrire : Fors l'honneur !

Quand au paralogisme qui consiste à ne pas faire de politique, à ne pas descendre dans l'arène des partis, il fait littéralement pitié ; et nous ne comprenons pas qu'un esprit un peu fier puisse s'en couvrir encore. Défendre l'Eglise, ce n'est ni une œuvre de parti, ni une action politique. C'est un devoir de foi, de conscience, de probité, d'honneur, et quiconque, constitué en dignité ecclésiastique, prétendrait que son devoir n'est pas de défendre l'Église, celui-là ne montrerait que son indignité.

A notre humble avis, le plus grand besoin de la France, dans les conjonctures présentes, c'est, au contraire, la formation d'un parti catholique, consacré uniquement à la défense de l'Eglise. La défense de l'Eglise par invocation du droit divin a, sans doute, un grand prix et doit passer avant toute autre ; mais elle a peu de chance d'être entendue des hommes politiques. La défense de l'Eglise par la mise en mouvement des forces politiques, par une ligue de bien public, par le suffrage universel et la composition des chambres, par des appels incessants à l'opinion, c'est là, selon nous, la meilleure procédure d'apologétique. C'est d'ailleurs celle qui nous paraît plus conforme aux directions du Pape sur l'union des catholiques et leur action commune pour remettre à flot le vaisseau qui porte la fortune de la France.

Que penser du système suranné qui consiste à adresser ses plaintes à l'autorité constitutionnelle ? Ce système avait sa raison d'être, quand le chef de l'Etat était le détenteur réel du pouvoir. Les remontrances ou les plaintes étaient formulées par des personnes ayant qualité et s'adressaient à un pouvoir qui pouvait les entendre, qui eut dû parfois les accomplir. Aujourd'hui, il n'en est plus de même. La constitution qui nous régit, n'a établi de responsabilité nulle part ; elle a surtout lié les mains au chef de l'Etat ; elle a constitué des roitelets qui peuvent commettre impunément tous les crimes, et c'est une espèce de dérision que de s'adresser à eux pour les réparer. Nos maîtres sont des malfaiteurs politiques, des persécuteurs de l'Eglise, et, pour leur adresser sa plainte, outre la faute de naïveté, il nous semble qu'il n'y a pire que d'avoir l'honneur de leur adresser la parole.

Ce serait, en outre, beaucoup dire, peut-être trop dire que d'appeler les persécuteurs des scélérats ; mais ces gens-là veulent le mal qu'ils font ; les conjurer de s'en abstenir, c'est une manière comme une autre d'entrer dans leur dessein.

Politiquement, il n'y a rien à demander à l'ennemi ; juridiquement, l'ennemi voulut-il nous accorder quelque grâce, il ne le peut pas. La machine législative fonctionne comme la guillotine ; et Loubet, le petit loup, qui signe l'exécution de ses decrets, s'il les sait injustes, ne peut être, légalement, qu'un bourreau, le bourreau de la France, l'homme le plus malheureux, s'il sait ce qu'il fait ; le moins estimable si, le sachant, il a le triste courage de l'accomplir. C'est le cas de rappeler un mot célèbre : *La légalité tue*.

Mgr Parisis, qui s'était, après mûres réflexions, décidé pour l'action publique, opinait volontiers, dans ses entretiens, sur ce sujet ; à son avis, les condoléances, placet, mercuriales, remontrances, tout cela c'étaient des us de l'ancien régime. Sous le régime actuel, c'était encore son avis qu'il n'y avait rien à demander à personne ; députés, sénateurs, ministres, président, roi ou empereur, peuvent nous écouter favorablement, mais ne peuvent nous offrir que l'eau bénite de cour. — Aujourd'hui, l'opinion publique est la reine du monde ; si nous voulons obtenir quelque chose, il faut nous adresser à l'opinion. La procédure, j'en conviens, est longue, mais elle est unique, strictement obligatoire. Négliger l'opinion, c'est se trahir.

Il ne faut pas croire, au surplus, que la chose soit impossible, ni même bien difficile. En général, on ne saisit l'opinion que d'affaires graves, de hauts intérêts. Ces intérêts sont les nôtres ; ces affaires nous touchent de très près et personnellement nul ne peut avec raison les dédaigner. Les masses sont toujours difficiles à ébranler ; mais la presse est un levier d'une force supérieure, pour soulever les masses populaires. L'opinion qui suppose les journaux annihilés l'un par l'autre, a quelque chose de vrai ; au fond, elle n'est pas soutenable. Les contradictions mêmes ne sont pas inutiles, pour préciser les idées et leur assurer, par la précision, une plus entraînante vertu. Malgré les contradictions, une opinion juste, un sentiment vrai, un devoir patriotique et pieux, s'ils sont servis par une presse intelligente, ont toute chance de crédit. L'opinion est la reine du monde ; et la presse est son véhicule ordinaire, souvent son char de triomphe.

Dans l'état présent, de quoi s'agit-il ? Au sein de la société civile, le parti révolutionnaire, dans son ensemble, veut supprimer la propriété privée et ne veut plus administrer la propriété collective que par l'Etat, par l'établissement d'un nouvel esclavage, qui ne laissera à l'homme aucune liberté. L'Etat persécuteur veut de plus, supprimer toute pratique de religion, toute forme d'Eglise, où n'en veut qu'autant qu'il en faut offrir à l'imbécilité humaine, tout comme on accorde libre pratique aux charlatans et aux comédiens, sans garantie du gouvernement. Des rabbins protestants, des rabbins juifs, des rabbins musulmans ou boudhistes, il n'en veut pas plus que d'évêques et de prêtres. Par un tour d'habileté vulgaire, qui ne peut abuser que des niais, il entend se servir des rabbins pour démolir les évêques, et, mais ceci est un comble, il espère pouvoir se servir des évêques pour démolir l'Église.

A prendre les choses dans la plus indulgente diatonique, l'idée essentielle du régime républicain, c'est d'élever l'État au-dessus de l'Église ; c'est de réduire l'Église à la servitude et à l'impuissance. Ces sectaires disent tous la même chose, plus ou moins crânement : cette chose capitale de la République, c'est de substituer la société laïque à la société religieuse. Tout se ramène et se subordonne à cette pensée. La République ne se croira définitivement maîtresse que quand elle aura détruit ou asservi l'Église en France. Entre elle et l'Église, c'est une lutte de principe ; c'est incompatibilité absolue. Tous les républicains de tradition veulent la suprématie de l'État sur l'Eglise, la laïcisation de la société. Tant que ce régime durera, avec son personnel et son esprit d'impiété radicale, ce sera la même pensée d'hostilité contre l'Église, la même prétention, hypocrite et violente, à la suprématie, à l'omnipotence, la même poiltique de domination laïque. Se bercer d'autres idées, c'est une illusion ; se flatter de résipiscence de la part des ministres, c'est bien près de l'aliénation mentale.

Le pis, c'est que cette exécrable engeance, qui se croit républicaine et qui n'est que jacobine, c'est-à-dire scélérate, ne peut se permettre tous ces attentats qu'en violant la Constitution en mentant à ses propres lois. Depuis trois ans, la constitution de la France, se dit libérale, c'est-à-dire propice, en principe, à toutes les libertés. Que, suivant les temps et les circonstances, les pouvoirs publics soient plus ou moins rigoureux, la rigueur et le relâchement des freins sociaux, n'a qu'un but, la garantie de toutes les libertés civiles. Or, les malandrins qui nous oppriment, pour atteindre l'Église, pour la lier, avec l'espoir de l'assassiner, n'ont, sous couleur de République, établi qu'une dictature, un monstre à quatre cents têtes sans cervelle ; et cette dictature, ils n'entendent s'en servir qu'en retirant à l'Église, je veux dire à ses membres, toutes les libertés civiles favorables à la libre pratique de leur culte. Les actes de culte doivent être aussi libres que tous les autres actes civiques, et même, à raison de leur noblesse, encore plus. Ces tyranneaux cancroïdes ne l'entendent pas ainsi et pour abattre le culte, ils proclament le principe de l'universelle servitude.

La guerre à ce régime de criminelle folie est un devoir sacré, nécessaire, d'autant plus efficace qu'il s'agit en même temps, de défendre les foyers et les autels. Nous avons, sans doute, nous, peuple chrétien, comme l'évêque, quoiqu'à moindre titre, le devoir de défendre l'Eglise pour elle-même, de la défendre comme institution de Jésus-Christ, un français immortel, le plus grand des citoyens français. Nous le devons d'autant plus qu'en la défendant, nous maintenons notre droit civil, nous nous renfermons dans la Constitution comme dans la citadelle de la vérité sociale et du droit public. Je n'ai jamais compris, je ne comprendrai jamais et j'admettrai encore moins que, dès le commencement de la persécution, nous ne nous soyons pas campés sur ce terrain de combat ; que nous n'ayons pas prêché la croisade pour la délivrance. Faute de l'avoir fait, nous arrivons à la guerre civile, prélude de la guerre étrangère. La France, comme nation, ressemble à une ruche en feu ou les abeilles s'entretuent. Ou plutôt, elle ressemble à Jérusalem, où les juifs s'entrebattaient pendant que le bélier de Titus abattait les remparts de la cité sainte.

VII. — Au moment où se termine cette lettre, les journaux publient, Messeigneurs, une lettre militante de l'évêque de Nancy. Mgr Turinaz est encore jeune ; mais il est déjà un ancien : son épiscopat date de l'être indéterminable que le maréchal Soult appelait Foutriquet. L'évêque de Nancy est un ancien professeur de théologie ; il a terminé ses études à Rome : il est écrivain et orateur ; il sait ce qu'il dit et mesure la portée de ses paroles. Que dit-il donc ?

Dans un appel à la France, il avait dit : *Justice et Liberté* : voilà ce que réclament les catholiques. — « Superbes mots, lui crie-t-on ; mais des mots. » A quoi l'évêque réplique :

« La première règle des catholiques et des libéraux sincères est de réclamer *la justice et la liberté ;* et de comprendre, sous cette réclamation, *la religion chrétienne et l'Eglise catholique.*

« La seconde règle est de mettre, *au-dessus* des intérêts de personnes et de partis, *les intérêts de la France et de la religion.*

Et comme conclusion, il ajoute : « Il faut choisir, parmi ceux qui ont adhéré à la première règle, les candidats qui offrent *le plus de chance* de succès. Puis tous doivent, à quelque parti qu'ils appartiennent, mettre *sans restriction* et sans réserve, au service de ces candidats, *leur influence et leur action.* »

Ceci est un mot d'ordre de bataille électorale. Le prélat n'oublie pas d'ailleurs qu'il y a un autre champ d'action, une autre arêne de combat *pro Deo et pro Ecclesiâ.* En d'autres termes, il distingue la lutte religieuse, de la lutte politique. A la lutte politique, il veut des laïques pour chefs ; à la lutte catholique, il veut, pour chefs, les évêques.

« Oui, dit-il, tout cela était *pratique*, tout cela était *possible*, et de tout cela *rien n'a été fait.* — Y a-t-il, aujourd'hui *autre chose* à faire ? Il répond de toute l'énergie de son âme : *non,* mille fois *non.* »

Mille fois non, c'est beaucoup ; l'énergie est une bonne chose ; la littérature oratoire est une belle chose. Mais n'y a-t-il donc, en présence de l'inertie persévérante, autre chose ?

Je n'aime pas, Messeigneurs, dans un général, la note de désespérance. Un chef ne doit *jamais désespérer* de sa cause ; dans ses discours, il doit exprimer, au moins, la confiance. Ne pas l'avoir, c'est se sentir déjà vaincu et démoraliser ses soldats ; en faire une valeureuse démonstration, c'est électriser les soldats et aiguiser les épées. Le mot d'ordre d'un brave général, c'est : *Toujours en avant !* Le modèle de ses proclamations, c'est l'admirable appel de La Rochejaquelin : « Si j'avance, suivez-moi ; si je recule, tuez-moi ; si je meure, vengez-moi. » Une telle proclamation, c'est du bronze.

Dans l'état où se trouve l'épiscopat, après vingt ans de corruption gouvernementale, s'il n'a pas fourni de résistance, ni même d'action commune, c'est qu'il y a dans son sein, des hommes qui ont abdiqué leur liberté d'action, et, s'ils ne trahissent pas positivement, ils refusent au moins de combattre : ils ne feront jamais rien de décisif contre le gouvernement qui leur a distribué des mitres, suivant la formule de Bismark et les réserves d'un malhonnête courtier. En présence de ces décisions, les discours sont de peu ; les motions, en apparence les plus décisives, ne sont, à peu près, de rien. Descendre dans l'arène des revendications religieuses ; arborer l'étendard de la guerre sainte ; frapper d'ectoc et de taille : tout ce langage chevaleresque, pour les créatures de Dumay, c'est du pur verbiage, et, pour le persécuteur, un acte de révolte, un manque à la parole d'honneur.

J'ai déjà exprimé et je réitère l'expression de cette pensée : nous ne sortirons pas de la persécution par des paroles ; aux paroles, utiles sans doute, il faut joindre les actes et surtout les sacrifices. Pour déterminer la chose : Il faut des confesseurs résolus au martyre. Je cite, à ce propos, deux anecdotes.

Pendant l'invasion persane, la flotte ennemie, embossée dans un port grec, se préparait à partir. Un simple soldat, Cynégire, retint une barque avec sa main ? sa main est coupée ; il prend la barque avec son autre main, qui tombe d'un coup de hache ; alors il mord la barque avec ses dents ; sa tête tombe, mais la flotte persane est faite prisonnière.

A la Roquette, la veille des assassinats, le curé de la Madeleine, pris d'un saint enthousiasme, criait : *Sine sanguinis effusione, non fit remissio.* Si nous ne fournissons pas des victimes, nous n'obtiendrons pas notre délivrance. La Providence l'accepta pour victime ; ce fut le salut de la France, ou, du moins, la fin de la Commune.

Je crois nécessaire le rappel de ces souvenirs et j'en préconise l'imitation. L'évêque de Nancy est un Chrysostome ; qu'il soit un Basile ou un Athanase : pour sauver un pays, il ne faut qu'un héros. Que Mgr Turinaz crache à la figure des persécuteurs l'opprobre de leurs forfaits ; qu'il dénonce, en les nommant, les scélérats qui préparent le retour de 93. Déjà sa bravoure a subi les malversations des imbécilités populaires ; il devra subir alors les rigueurs des saltimbanques devenus satrapes. Je doute qu'ils se contentent de lui couper sa bourse. A la vérité, ils redoutent la perpétration des violences ; ils ne veulent même pas paraître capables de s'y livrer. Mais enfin si l'évêque dit tout ce qu'il faut dire, s'il met toute sa tête dans tout son cœur, et toute son âme au service de son bras, nous verrons le salut qui vient de Dieu.

Les procureurs libelleront des mandats d'amener ; les commissaires et les gendarmes iront à l'évêché de Nancy. L'évêque sera enlevé de son palais, les menottes aux mains ; il ira, entre deux gendarmes, dans une prison. Là, il commencera à se trouver pleinement évêque ; il sera revêtu de toute puissance. Alors sera rendu le jugement de Dieu et satan sera expulsé par l'épiscopat. Ce qui doit suivre est facile à deviner.

Pour moi, Messeigneurs, dans l'humble sphère où je ne puis prétendre aux immolations, je me borne à dénoncer les périls de l'humanisme, l'insuffisance d'une philosophie trompeuse, les infiltrations protestantes dans l'exégèse, et surtout les graves dangers des deux grandes hérésies américaniste et internationale. C'est sur ces cinq points que j'ose attirer votre attention et provoquer respectueusement la décision de votre autorité. Le salut doit commencer par l'expurgation des idées ; se poursuivre par les résolutions de combat et triompher par le martyre.

A chaque jour suffit la peine : *Sufficit diei malitia sua*.

Je suis, Messeigneurs, avec le plus profond respect,

Votre serviteur, aux regrets de n'avoir qu'une plume pour le combat, mais sans peur du martyre.

Riaucourt, le 30 novembre 1901.

JUSTIN FÈVRE,

Protonotaire apostolique.

Grande Imprimerie de Blois, 2, rue Haute. X 5154

www.ingramcontent.com/pod-product-compliance
Ingram Content Group UK Ltd.
Pitfield, Milton Keynes, MK11 3LW, UK
UKHW021521260726
13993UKWH00004B/1818

9 782019 946890